LE DOCTEUR GUYTON

LE

DOCTEUR GUYTON

NOTICE

SUR SA VIE ET SES ÉCRITS

LUE A LA SÉANCE DE LA SOCIÉTÉ ÉDUENNE

Du 6 septembre 1869.

AUTUN

IMPRIMERIE DE MICHEL DEJUSSIEU.

1869.

LE DOCTEUR GUYTON

NOTICE SUR SA VIE ET SES ÉCRITS, LUE A LA SÉANCE
DE LA SOCIÉTÉ ÉDUENNE DU 6 SEPTEMBRE 1869.

Il y a quelques mois, toute la population
de notre cité accompagnait à sa dernière de-
meure un de ces hommes dont la vie est un
enseignement et dont la mort est un deuil
public. Le vénérable docteur Guyton venait
de s'éteindre le 15 mai 1869, à l'âge de 84
ans, vaincu par la maladie plutôt que par la

vieillesse. Il ne vous appartenait que depuis quelques années, c'est à-dire depuis qu'à raison de son grand âge, il avait compris la nécessité du repos, et que, sans renoncer aux fatigues professionnelles, il y prenait une part moins active. C'est au milieu de vous qu'il venait se délasser; il s'intéressait à vos travaux, et souvent, à son tour, il vous apportait des lectures qui accusaient la patience de ses investigations et la force de sa pensée. Il recueillait ses souvenirs, achevait les œuvres commencées, en méditait d'autres, *semper agens aliquid et moliens*, lorsque la mort, qu'il attendait paisiblement, est venue l'interrompre. Vous perdiez en lui un de vos collaborateurs les plus assidus, le corps médical un de ses membres les plus distingués, le pays un de ses meilleurs citoyens.

M. Guyton était le doyen des médecins en exercice du département de Saône-et-Loire et certainement l'un des plus anciens méde · cins de France. Pendant soixante-deux ans il a rempli, avec le dévouement le plus absolu, les austères devoirs de cette grande et laborieuse profession. Il a vu passer plusieurs générations d'hommes qu'il a assistées et conduites de la naissance à la mort. Il a survécu aux témoins de sa jeunesse, à la plupart des amis de son âge mûr. Entre son berceau et sa tombe, il a vu s'accomplir les événements les plus extraordinaires qui aient rempli le monde et les changements les plus profonds dans les idées et dans les mœurs. Ces longues existences, dans un siècle où tout s'est transformé, sont comme ces grands fleuves dont il faut remonter le cours et dont les commencements appartiennent à d'autres peuples et à d'autres climats; mais les vies humaines, qu'elles s'écoulent comme des torrents ou comme des eaux calmes et limpides, emportent toujours avec elles le souvenir des tempêtes qui les ont agitées, et comme un reflet des rives qu'elles ont parcourues.

Cependant, nous devons le dire, le véritable intérêt d'une notice comme celle que nous voudrions consacrer à la mémoire de cet homme de bien n'est pas dans l'importance ou dans la variété des événements aux-

quels il a pu être plus ou moins directement mêlé, ou qu'il a marqués de son initiative personnelle. Il est dans l'étude de
son caractère et de sa physionomie morale.
Cette vie, si longue d'années, n'a pas été
plus féconde que beaucoup d'autres en pé-
ripéties et en drames, bien qu'il ait assisté à
plusieurs très émouvants. Ce qu'il importe
de connaître, ce sont les sentiments qui
l'ont conduite, c'est la volonté qu'il a dé-
ployée dans le bien. Il n'est pas toujours
juste de mesurer la valeur d'un homme à
l'éclat du rôle qu'il a rempli. Parmi les acteurs qui occupent la scène du monde, il en
est un bon nombre qui, après avoir dû aux
circonstances un succès momentané, dispa-
raissent dans les recoins obscurs de l'histoire, sans qu'on sache précisément à quelles
facultés ou à quel hasard attribuer leur célébrité d'un jour. La renommée est une lumière
capricieuse qui jette parfois une étincelle
sur le nom du premier venu ; elle en rencontre aussi de vraiment prédestinés et qui
grandissent avec leur fortune. M. Guyton
n'appartient à aucune de ces catégories. Son

nom comme ses travaux restent. dans ce demi-jour de la notoriété locale qui est presque de l'obscurité. Mais s'il ne doit rien à la fortune, il doit tout ce qu'il a été à lui-même. Il a trouvé dans sa propre volonté, dans l'amour de la science tous les ressorts qui l'on fait mouvoir. Aucune pression des circonstances, aucune nécessité de situation ou d'amour-propre ne l'ont stimulé. La conscience professionnelle, la passion la plus désintéressée d'être utile, ont suffi pour le préserver de cette influence énervante qui, dans le milieu où il a vécu, frappe souvent de stérilité les plus nobles esprits. C'est par là qu'il est un exemple, qu'il mérite d'être estimé dans sa mémoire et étudié dans ses œuvres.

I.

Nous aurons bientôt retracé les événements de sa vie et ce récit n'aura guère pour vous que l'intérêt des temps qu'il a traversés et celui qui s'attache à sa mémoire.

Louis-Marie Guyton est né à Autun le 9 juin 1784. Il était le quatrième fils de Laurent-Jean-Marie Guyton, médecin du roi, et de Pierrette Loydreau. Son père était le cinquième médecin de la famille en descendance directe et non interrompue. Plusieurs de ses oncles et de ses grands-oncles avaient suivi la même profession. L'un d'eux, Claude-Bernard-Edme Guyton, auteur d'une topographie médicale d'Autun, qui lui valut le titre de membre correspondant de l'Académie de Médecine, acquit une certaine célébrité. Il eut pour parrain l'illustre Guyton de Morveau, avocat général au parlement de Dijon, qui fut avec Berthollet, Fourcroi et Lavoisier, l'un des créateurs de la chimie. Dès sa première enfance il fut un esprit méditatif et réfléchi. Les scènes dont il fut témoin aux débuts de la Révolution étaient d'ailleurs de nature à le frapper vivement; comme il l'a dit plus tard dans l'un de ses écrits, les grandes commotions populaires murissent promptement les intelligences. Il n'en vit pas les spectacles sanglants qui furent heureusement épargnés à nos concitoyens.

Mais les agitations de la rue, les feux des places publiques où l'on brûlait les titres des familles, les farandoles autour des arbres de la Liberté, les hommes agenouillés aux pieds de la déesse Raison, les charrettes qui traversaient la ville, conduisant les prisonniers au tribunal révolutionnaire, c'est-à dire à la mort, l'inquiétude et la terreur dans les familles, tous ces souvenirs se fixèrent dans son imagination comme un tableau sinistre et on les retrouve tels encore sous sa plume soixante ans plus tard.

Il fit ses études à l'École centrale du département de Saône-et-Loire, qui était établie à Autun. On y enseignait la grammaire générale, les langues anciennes, les sciences, la philosophie et jusqu'à la législation comparée. L'école comptait des professeurs distingués ; mais il paraît que son organisation fut très défectueuse, au moins pendant les deux premières années, et M. Guyton nous raconte, dans ses Mémoires, que loin de répondre à ces titres pompeux, les cours consistaient, la plupart du temps, à jouer au cheval fondu avec le digne professeur de gymnastique. Les choses, du reste, se passaient ainsi en Angleterre dans un bon nombre de maisons d'éducation du temps d'Olivier Goldsmith. Il est probable cependant que le jeune Guyton n'employa pas toujours les heures des classes à cet exercice salutaire mais peu instructif. Il en sortit avec la somme de connaissances que l'on peut acquérir au collége d'études bien faites. Un certificat du conseil d'administration de cette école, daté du 11 fructidor an X (29 août 1802), atteste qu'il suivit les cours d'histoire naturelle, de langues anciennes, de mathématiques, de belles-lettres, etc., avec le plus grand succès et qu'il remporta des prix dans tous les cours.

Ce que nous retenons de ce document ce sont les heureuses dispositions d'un esprit également bien doué pour les sciences et pour les lettres. Malgré cette remarquable diversité d'aptitudes, qu'il conserva jusqu'à la fin, il n'hésita pas sur sa véritable vocation. Les traditions de sa famille, ce goût héréditaire et si naturel d'une profession que nous nous sommes habitués dès l'enfance à aimer et à respecter, le poussaient vers l'étude de la médecine. Au sortir de l'École centrale il se rendit à Montpellier qui était alors un des grands foyers de l'enseignement médical en Europe. La réputation de ses professeurs y attirait une jeunesse ardente et studieuse, le jeune Guyton ne tarda pas à être signalé parmi les élèves les plus intelligents et les plus laborieux. C'était en 1802, il avait dix-huit ans. Pendant quatre années il continua ses études, sans interruption, sans repos, sans revoir son pays pendant ce long exil de la maison paternelle. L'enseignement de Montpellier se distinguait par un caractère philosophique et une sorte de spiritualisme qui ne séparait pas l'influence de l'ame pensante des phénomènes de l'organisme. Nous trouvons comme un reflet, sinon comme une preuve de cette doctrine, dans le fait suivant que M. Guyton se plaisait à raconter, et qui est un bien remarquable exemple de la puissance de certaines énergies vitales qui échappent à toute analyse. Pendant sa seconde année, à la suite d'une grave blessure à la main, il fut atteint du tétanos et bientôt dans un état désespéré. Ses professeurs, ses condisciples le crurent mort et l'abandonnèrent. Il ne donnait plus signe de vie, il n'avait plus conscience de lui-même, lorsque, pour employer l'expression dont il se servait, un chant doux et plaintif arriva aux oreilles du pauvre mourant et ranima en lui la source des larmes. Il se prit à songer à son lointain pays, — lointain encore à cette époque, — à ses parents bien-aimés, et pleura longtemps. Ses nerfs se détendirent, une révolution s'était accomplie dans tout son être. Cette riche et robuste organisation, sur laquelle la science avait épuisé ses ressources, devait son salut tout simplement à un joueur d'orgues que le hasard avait amené sous les fenêtres. Etait-ce le pouvoir seul de la sensibilité musicale qui l'avait rappelé à la vie, était-ce le souvenir du pays éveillé par la mélodie agissant comme signe commémoratif ? Le fait, raconté par un médecin qui n'a jamais passé pour être une imagination crédule, n'en est ni moins authentique ni moins singulier.

Les examens pour les divers degrés de

l'enseignement médical ne devaient pas alors
être nécessairement subis au chef-lieu de la
circonscription académique où siégeait la
Faculté. Mais celle-ci constituait, sous le
nom de jurys de médecine, des commissions composées d'un certain nombre de
professeurs qui parcouraient les départements du ressort et prononçaient sur l'apti-
tude des candidats qui venaient se présenter
à leurs séances. Le jeune Guyton n'avait pas
achevé de prendre ses grades lorsqu'il fut
désigné pour accompagner, en qualité de
secrétaire, le jury médical présidé par le
docteur Berthe, dans une de ses tournées
d'examen dans laquelle furent compris les
six départements du Piémont. Il s'acquitta
si bien de ses fonctions, et sut inspirer une
telle confiance, que le docteur Berthe, étant
tombé malade, le choisit pour le remplacer
dans ses fonctions de président. Dans l'acte
officiel de cette délégation, le docteur Berthe
donne à M. Guyton le titre de docteur, bien
qu'il ne l'eût pas encore obtenu. Il l'était
déjà non-seulement par la science, mais par
l'aplomb et la gravité du caractère, bien

qu'il n'eût encore que vingt ans. Il eut ainsi
à remplir une des plus délicates et l'une des
plus difficiles fonctions du professorat,
étant l'un des membres les plus influents
du jury d'examen. Nous devons ajouter qu'il
les remplit à la satisfaction de tous, et de
manière à s'attirer une lettre de félicitation
d'un des plus célèbres médecins de l'Italie,
le docteur Buniva, doyen de la faculté de
Turin, qui, à cette occasion, lui souhaita
d'être bientôt appelé à la direction du cours
de clinique. Il l'obtint en effet vers la fin de
l'année 1805, et il la conserva jusqu'à sa
sortie de l'école. L'année suivante il accom-
pagna encore le docteur Berthe comme secrétaire du jury de médecine qui parcourut
une autre série de départements, et il n'eut
pas moins de succès. C'est après cette dernière mission qu'il vint passer à Montpellier
sa thèse de docteur.

Le sujet qu'il avait choisi offrait un assez
vaste champ d'observations, et lui fournit
l'occasion d'embrasser les questions les plus
délicates et les plus importantes qui soient
du domaine de la médecine. Sa thèse, im-

primée à Montpellier en 1806, a pour titre :
De la constitution du printemps de 1806, *et des maladies qui se sont présentées pendant ce trimestre à l'école clinique de Montpellier.* Ce travail, qui forme une brochure de 87 pages in-4°, c'est-à-dire presque un livre, annonce des connaissances aussi étendues que solides dans les diverses branches de l'art médical. Il est précédé d'une introduction qui contient des considérations élevées et pratiques en même temps sur les conditions particulières que présentent les maladies observées dans les prisons et dans les hôpitaux ; sur la nécessité de réformer et de simplifier le langage de la médecine. Il touchait ainsi à deux questions alors très neuves et d'une singulière portée. Un chapitre est consacré à l'étude de l'influence du moral sur les maladies. C'est l'œuvre d'un esprit sagace, déjà rompu aux difficultés si complexes de la critique et de l'analyse pathologique. Inutile d'ajouter qu'il soutint sa thèse avec honneur. Cette épreuve fut le digne couronnement de ses études et la garantie des conditions de savoir et de matu-

rité précoce avec lesquelles il allait bientôt entrer dans la carrière.

Après avoir glorieusement conquis son diplôme, le jeune docteur de vingt-un ans vint prendre quelque repos dans sa ville natale ; mais ce ne fut qu'une halte. Il partit au bout de peu de temps pour Paris afin de perfectionner ses études, et de se mettre en contact avec les méthodes et les enseignements de cette académie qui comptait déjà dans son sein les plus hautes illustrations de la science. Il y resta près d'une année, et ne revint à Autun que dans le courant de 1807, cette fois pour ne plus le quitter (1).

C'est à Autun qu'il a passé sa vie. Il y a fourni l'une des plus longues carrières médicales dont on ait l'exemple. Il a vu se succéder des générations de médecins, se renouveler deux ou trois fois la population. Jeune, robuste, plein d'avenir, tel que l'ont

(1) Il s'y maria l'année suivante avec Mlle Loydreau de Maligny. Il n'eut de ce mariage qu'une fille madame de Fontenay.

connu quelques-uns d'entre nous, mûri par l'expérience, puis enfin blanchi mais non courbé par les années, tel que nous l'avons vu tous, il fut toujours le même, infatigable dans le devoir, invincible au travail.

Sa seule ambition fut d'être utile. Dans les choses qui ne concernaient pas directement sa profession il n'allait pas au-devant des occasions, il ne recula jamais devant elles. Il ne sollicita pas les fonctions où il pouvait rendre quelques services, il ne les déclina pas lorsqu'elles lui furent offertes. Il serait presque oiseux d'énumérer toutes ici celles qu'il a remplies dans notre cité ; il fut membre du conseil municipal de 1813 à 1830 ; adjoint au maire d'Autun en 1825, il administra les intérêts de la ville pendant les six mois qui s'écoulèrent entre la retraite de M. Billardet et la nomination de son successeur, M. Delagrange. Il fut membre de la commission administrative de l'hospice de 1819 à 1830. A partir de 1830, il voulut rester en dehors de tout ce qui ne tenait pas au service purement médical. Profondément dévoué aux princes de la branche aînée, il ne voulut se rattacher par aucun lien aux gouvernements qui leur ont succédé.

En 1814, il s'honora par un trait de courage personnel qui sauva probablement la vie d'un fonctionnaire dont la foule ameutée voulait envahir le domicile. Comme cet épisode est raconté par lui-même, nous ne pouvons mieux faire que de lui laisser la parole :

Monsieur, en mettant le pied sur le sol français, avait dit : « Plus de droits réunis ! » Cette promesse imprudente, puisqu'elle ne pouvait être réalisée, produisit un très mauvais effet. Dès le 4 juin elle fut officiellement démentie, et M. le maire fit publier le lendemain que l'exercice recommencerait le 6 juin.

Dans cette circonstance, l'autorité encourut un blâme mérité. Elle était instruite que les débitants avaient déclaré hautement qu'ils ne se soumettraient point à la visite et s'étaient engagés réciproquement à repousser par la violence les employés qui se présenteraient chez eux pour faire le service, et néanmoins elle ne prit aucune précaution pour prévenir une émeute imminente. A la vérité, des publications furent faites pour recommander obéissance à la loi, mais on négligea de recourir aux moyens indispensables pour la faire respecter. Cette insouciance compromit gravement la tranquillité publique et faillit avoir des conséquences funestes.

Le 6 juin, dès le matin, des rassemblements considérables eurent lieu dans le quartier de Marchaux et dans les faubourgs d'Arroux, de Saint-André et de Saint-Jean, où se trouve la portion la plus turbulente de la population autunoise. Les différents groupes se réunirent et entrèrent en ville précédés d'un tambour et ayant à leur tête trois portefaix qui portaient suspendus à de longues perches des rats d'une grandeur démesurée. Cet attroupement se composait en très grande partie de femmes et d'enfants ; mais on découvrait dans les rangs un certain nombre d'individus intéressés à l'abolition des droits réunis qui semblaient assister à ce spectacle comme curieux et qui en réalité excitaient la foule et provoquaient au trouble et au désordre.

On débuta par une facétie dont on ne sentit pas d'abord toute la portée : on pendit chacun des rats en leur donnant le nom des employés qui s'étaient fait plus particulièrement distinguer par leur sévérité. A cette vue, les éclats de rire remplacèrent les menaces ; on put croire un instant que le motif de l'attroupement était oublié, que les représailles se borneraient à

2

cette grotesque vengeance, et cette idée contribua peut-être à entretenir l'autorité dans une fausse sécurité.

Il n'en fut rien ; les meneurs n'abandonnèrent pas leur projet ; ils insinuèrent au peuple que s'il était agréable de pendre en effigie les rats de cave il serait bien plus profitable de les pendre en réalité. Cet avis fut goûté et la troupe se remit en marche. En débouchant sur la place du Champ-de-Mars, elle aperçut le contrôleur de ville, et les plus alertes se précipitèrent à sa poursuite. Ce malheureux eut à peine le temps de se réfugier chez M. Jovet, marchand de vins, qui lui ouvrit la porte et le déroba à leur fureur. Ils ne renoncèrent qu'avec peine à cette proie qu'ils regardaient comme assurée, et pour se dédommager ils se portèrent au pas de course vers la maison Serpillon, où M. Héricé, directeur des droits réunis, demeurait et avait ses bureaux.

Pendant tout ce temps, on ne voyait paraître ni gendarmes, ni gardes nationaux, et quand les émeutiers arrivèrent à la régie, ils ne trouvèrent que M. Serpillon et moi pour leur en disputer l'entrée. Nos conseils et nos observations n'étant point écoutés, il nous fallut lutter avec eux. Notre résistance n'aurait pas été de longue durée si un incident inattendu n'était venu à notre aide.

Une femme cria qu'elle venait d'apercevoir un employé qui se cachait dans le grenier à foin ; à l'instant même tout le monde s'y porta, les uns montèrent au fenil, les autres formèrent le cercle au-dessous de la croisée en vociférant : « Jetez-le-nous ! Jetez-le-nous ! » Cette diversion, qui nous causa un mortel effroi durant dix minutes, nous permit de respirer. Le grenier fut fouillé inutilement, on n'y trouva personne, et la foule trompée dans son espoir revint avec plus de rage faire le siége de la maison. Tous nos efforts furent vains ; tandis que des portefaix, tout en protestant qu'ils ne voulaient nous faire aucun mal, se jetaient sur nous et nous entraînaient, d'autres qui s'étaient emparés d'un fort madrier s'en servirent comme d'un bélier et jetèrent la porte en dedans. Tous se précipitèrent dans la maison et M. Héricé aurait probablement couru risque de la vie si dans ce moment critique la gendarmerie et un peloton de gardes nationaux n'étaient arrivés. La vue de la force publique causa une panique générale et dans quelques secondes la maison fut déserte. On arrêta les plus mutins et la tranquillité se trouva rétablie.

On n'eut aucun malheur à déplorer. Mais dans cette occasion comme dans tous les autres cas semblables, de simples curieux faillirent payer pour les coupables. Un homme tout à fait inof-

fensif reçut un coup de baïonnette. Heureusement pour lui les pièces de monnaie qu'il avait
dans la poche de son gilet détournèrent le coup
et il en fut quitte pour une légère contusion.

Ce drame se termina en police correctionnelle.

Toutes les particularités de ce récit, que
M. Guyton qualifie justement de drame, ont
leur intérêt, et sont parfaitement indiquées
depuis les causes qui ont amené le mécon-
tentement populaire jusqu'aux incidents qui
ont signalé les débuts et la marche de
l'émeute. Il n'est pas un détail qui ne soit
observé sur le vif et qui n'ait sa portée. Il
faut noter en effet que presque toujours les
désordres de ce genre s'annoncent par des
démonstrations inoffensives ou burlesques
qui tout en provoquant l'excitation de la
foule semblent tromper sur le but que se
proposent les agitateurs. L'autorité, abusée
par les apparences, craint de prendre trop tôt
des mesures sérieuses, laisse empirer les
choses et n'intervient que tardivement, lorsqu'il n'est plus temps de prévenir, lorsqu'il
est à peine temps de réprimer. C'est en petit
l'histoire des émeutes qui s'appellent des

révolutions lorsqu'elles sont victorieuses. D'autre part, on remarquera avec quelle modestie M. Guyton parle de lui-même et du rôle si honorable qu'il a joué dans la circonstance, ce qui ajoute encore au mérite de l'action.

M. Guyton a été pendant de longues années membre du bureau de charité, président du conseil de salubrité et d'hygiène, membre du comité de surveillance de la prison, médecin de plusieurs communautés et maisons religieuses ; en 1802 il appartenait à la société d'Agriculture, des Sciences et Arts qui n'exista que quelques années. Dans les commissions dont il faisait partie, il apportait une conscience scrupuleuse à s'enquérir de toutes choses, une volonté active de faire pour le mieux dans la mesure du possible. Il s'entourait de tous les renseignements qu'il pouvait se procurer, étudiait avec soin les divers éléments des questions, résumait ses observations dans des rapports substantiels écrits avec cette simplicité et cette facilité élégantes que nous lui connaissons désormais. Quelques-uns sont devenus des livres.

II

C'est surtout dans la dernière partie de sa vie que M. Guyton put se consacrer davantage aux travaux du cabinet. En même temps que son expérience s'était agrandie par une longue pratique et par des observations assidûment recueillies au chevet des malades, son esprit s'était fortifié par d'immenses lectures, sa plume avait acquis par un exercice journalier, incessant, la solidité et la souplesse nécessaires à quiconque veut s'en servir utilement. M. Guyton rédigeait pour lui-même un bulletin de toutes les maladies qu'il était appelé à traiter, et il les suivait dans leurs phases diverses, jour par jour, heure par heure. Il avait pris cette habitude, qu'il tenait de son père, dès le début de sa profession, et il la continua jusqu'à la fin. On peut à peine se faire une idée de ce qu'il avait recueilli d'observations pendant soixante-deux ans d'exercice. Ces documents que la science aurait certainement pu con-

sulter avec fruit, ont été entièrement per-
dus pour elle. M. Guyton, qui poussait aussi
loin que possible le scrupule du secret médical, ne se crut pas le droit de disposer,
même dans un intérêt scientifique, de renseignements qui touchaient de trop près à
l'individualité de ses clients ; aussi en a-t-il,
en mourant, ordonné la destruction. Ses
dernières volontés ont été religieusement
exécutées par M. Harold de Fontenay, son
petit-fils.

Parvenu à la vieillesse et entré dans l'âge
du repos, le docteur Guyton resta vaillam-
ment sur la brèche, et jamais sa porte ne
fut fermée à un malade qui venait lui de-
mander son assistance. Mais à mesure que
des confrères plus jeunes venaient le dégager de sa tâche et le soulager du fardeau,
devenu lourd pour lui, de la médecine mili-
tante, il se recueillit davantage dans sa bibliothèque et dans ses souvenirs. Les sujets
ne lui manquaient pas : il revoyait et com-
plétait les travaux de sa jeunesse ; il en en-
treprit d'autres plus importants dont les circonstances lui fournirent l'occasion ou dont

l'idée lui fut suggérée par le désir d'arracher à l'oubli les noms de cenx qui avaient bien mérité de l'humanité. C'est à celte époque qu'il fut nommé membre correspondant de l'Académie des sciences et lettres de Montpellier (séance du 25 avril 1853), et quelques années plus tard (13 novembre 1862) membre résidant de la Société Éduenne.

Ce ne serait rendre à sa mémoire qu'un hommage incomplet si nous passions sous silence les œuvres qui couronnèrent sa généreuse vieillesse. Cette période de la vie, qui est pour la plupart des hommes celle de la lassitude et de l'épuisement, semble avoir été pour lui un renouvellement de son activité intellectuelle. Son infatigable vigueur d'esprit semblait défier les défaillances de la nature et les infirmités inséparables de l'âge. Plusieurs de ces ouvrages ont été publiés sous forme de brochures ou d'articles de journaux ; d'autres, et ce ne sont pas les moins importants, sont restés manuscrits. Il y a là de véritables richesses que nous aimerions à étaler sous vos yeux, mais dont nous devons nous borner, pour ne pas dépasser le cadre de cette notice, à dresser un rapide inventaire.

L'un des premiers en date est sa *Topographie et Statistique médicales de la ville et de la commune d'Autun*, imprimée en 1852 sous le patronage du conseil d'hygiène dont il était vice-président. Les conditions physiques dans lesquelles nous sommes placés, la constitution du sol et du climat, ses sources, ses rivières, la qualité de ses eaux, les productions du pays, la population, les institutions municipales et charitables, l'éducation des enfants, les maladies qui semblent affecter plus spécialement la localité, tous ces éléments sont classés et analysés de manière à présenter un ensemble complet. Chacun d'eux est traité avec les développements en rapport avec son importance. L'auteur ne néglige pas les questions qui se rencontrent sur son passage, celle de l'assistance des enfants trouvés entre autres, et il demande le maintien des tours en se fondant sur des observations pratiques puisées dans sa propre expérience. Cette publication, inspirée par une pensée toute philan-

thropique et pour répondre au vœu exprimé
par le décret du 18 décembre 1848 qui ins-
tituait les conseils d'hygiène, valut à son
auteur d'illustres approbations. Les docteurs
Bouillaud et Gendrin, de la faculté de Paris,
lui adressèrent de chaleureuses félicitations.
« J'ai étudié ce livre, lui écrivait le docteur
Stilling, de Cassel, avec un intérêt qui s'aug-
mentait de feuille en feuille et qui m'a
donné la conviction que son auteur était
non-seulement un médecin d'une habileté
et d'une instruction rares, mais un médecin
vrai et digne élève d'Hippocrate, et d'un caractère qui devait lui assurer la confiance et
la vénération. » Le docteur Fuster, professeur de clinique à la faculté de Montpellier,
lui adressait cet éloge non moins saisissant :
« Cet ouvrage, précédé d'un magnifique
commentaire du serment d'Hippocrate, m'a
intéressé au plus haut degré. » Qu'est-ce
donc que ce commentaire sur lequel ces
honorables et savants médecins s'expriment
avec une si haute admiration?

Tout simplement, messieurs, le discours
sur les devoirs du médecin prononcé dans

la séance du conseil d'hygiène d'Autun du 13 mars 1850 et placé en tête de l'ouvrage. Dix pages et rien de plus, un chef-d'œuvre et rien de moins.

Nous ne pouvons le reproduire ici dans son entier, et il est difficile de faire un choix dans cet ensemble de préceptes, tous également excellents, tracés d'une main si ferme et si délicate. Quelle élévation de sentiments, quelle raison, quelle sagesse douce et pénétrante sous cette forme simple et familière, singulièrement éloquente, qui ne se trouve que dans la plume des maîtres dans leurs meilleurs moments! Le médecin doit avoir toutes les vertus, il exerce un véritable sacerdoce : il doit être d'un secret inviolable; pratiquer la probité la plus sévère, le dévouement le plus complet, le désintéressement le plus absolu; avoir une foi entière dans l'existence d'un Dieu juste qui récompense nos bonnes actions et punira les mauvaises. Il aura le courage civil, il sera patriote, et si quelqu'un refuse les présents d'Artaxercès ce sera lui. Sa vie est un état de privation et d'abnégation continuelles. En temps d'épidémie, il ne doit tenir compte d'aucun danger. Quand son devoir l'appelle, il doit renoncer à tout délassement, à tout repos : ni la fatigue, ni l'heure avancée du jour, ni la saison, ni l'éloignement, ni les affaires ne doivent le retenir. — Ce n'est qu'une sèche énumération de ses belles maximes. Ses conseils aux médecins experts mériteraient d'être cités en entier; nous en donnerons seulement la conclusion :

Si le médecin expert doit à l'accusé la garantie d'une sage réserve et d'un esprit libre de toute prévention, il doit aussi à la société celle d'une stricte et religieuse impartialité. Il ne peut soustraire par un mensonge un coupable à la peine qu'il a justement méritée sans s'associer pour ainsi dire à son crime.

Pesons la gravité de cette parole qui est solennelle et qui est juste.

Il ne lui est pas permis de prendre en considération les bons antécédents du prévenu, sa position sociale, les circonstances atténuantes qui militent en sa faveur; il doit les abandonner à l'appréciation des jurés. Il n'est pas libre de se livrer à des sentiments de bienveillance et de

philanthropie, car il est plus qu'un simple témoin qui dépose des faits qui sont à sa con-
naissance ; il est véritablement un juge intègre
qui coordonne ces faits, en tire les conséquences
logiques et prononce son arrêt. Il ne considère
pas s'il est favorable ou défavorable à l'accusé;
il n'écoute que sa conscience et se dirige d'après
ses inspirations. S'il est intimement convaincu
qu'il y a crime, il doit le dire franchement et
sans hésitation : à la justice appartient le péni-
ble office d'en rechercher et d'en punir l'auteur.

Voulez-vous savoir comment il entend le
désintéressement du médecin. Les présents
d'Artaxercès, les honneurs offerts pour prix
d'une lâcheté, le médecin a rarement l'occasion de les repousser avec un noble dé-
dain, bien qu'il doive toujours être prêt à le
faire. Mais sa grandeur d'ame trouve tous
les jours le moyen de s'exercer dans des
circonstances plus humbles et peut-être tout
aussi méritoires. Je prends ici le texte de
l'excellent docteur :

C'est une opinion assez généralement répan-
que que le riche doit payer pour le pauvre. Cette
maxime n'est point celle qu'adopte le père de
la Médecine. Il la désapprouve même formelle-

ment, puisqu'en même temps qu'il nous recommande expressément de donner nos soins gratuitement aux indigents, il ajoute que nous ne devons pas exiger un salaire au-dessus de notre travail. En visitant les indigents gratis, nous faisons un acte de bienfaisance et de charité. C'est une pieuse aumône qui nous honore aux yeux du public. Mais si nous faisons payer aux riches les soins que nous donnons aux pauvres, non-seulement il n'y a plus désintéressement et sentiment d'humanité de notre part, mais encore nous prélevons sur la richesse un impôt arbitraire qui nous ôte tout le mérite d'une bonne action. Ecoutons donc le sage conseil d'Hippocrate; en le prenant pour guide nous ne pouvons errer.

Je suis obligé d'abréger ces citations, quel que soit le charme d'honnêteté assaisonnée de bon sens qui s'en dégage. Il n'oublie pas les devoirs des médecins entre eux; il flétrit la médisance, les manœuvres de la jalousie et de la compétition; il recommande le respect mutuel et la concorde. Puis il termine par cette exhortation si touchante venant d'un vieux médecin :

J'espère que rien ne viendra détruire la bonne harmonie qui règne entre nous. Pour mon compte, je prends du fond du cœur l'engagement de ne jamais chercher à nuire à aucun de vous et de mériter toujours votre estime et votre attachement.

Ne concluez pas cependant de ce que je viens de dire que je veuille exclure toute émulation entre nous ! Je désire seulement qu'elle soit noble et généreuse. Disputons-nous à qui fera le plus de bien, adoucira plus de maux, soulagera plus de misères ! Allons au-devant des malheureux, laissons les riches venir à nous ! De cette manière, nous aurons dignement employé notre vie et nous serons heureux d'entendre répéter autour de nous : Honneur à l'art qui répand tant de bienfaits ! Honneur aux médecins qui le comprennent et le pratiquent si bien !

Nous sommes complétement de l'avis du docteur Fuster, et tous ceux qui liront avec un peu de réflexion ce document capital partageront notre admiration. On n'a jamais mieux compris ni mieux défini les devoirs du médecin, on n'a jamais parlé dans un meilleur langage des vertus qui doivent honorer cette belle profession. Ce jour-là, le vénérable docteur ne s'adressait qu'à quelques confrères réunis pour conférer de quelques mesures d'hygiène concernant une localité ; sa parole méritait d'être entendue de ses contemporains et d'arriver à la postérité.

Nous n'avons pas l'intention d'insister sur les travaux du docteur Guyton se rattachant exclusivement à la pratique médicale. Il en a publié quelques-uns dans divers journaux de médecine, notamment dans la *Revue thérapeutique* de Montpellier, tels que ses Mémoires sur les fièvres typhoïdes (1853), sur le goître estival (1854), sur la constitution médicale de la ville d'Autun (1855), sur la marche de la phthisie pulmonaire. Il faudrait la plume et la science d'un homme de l'art pour apprécier les mérites d'observation et d'érudition qui distinguent ces consciencieuses monographies. Nous rappelons en passant, parmi les publications faites ici même, un éloge du docteur Daclin inséré dans le journal d'Autun, et sa charmante notice biographique sur le comte Joseph de Mac-Mahon, son ami, dont il vous a donné lecture à l'une de vos séances il y a quelques années.

Ses travaux manuscrits sont en plus grand nombre ; quelques-uns sont très considérables. Nous ne pouvons ici les mentionner tous, même par simple énumération. Ils ont trait à différents sujets d'utilité publique intéressant l'art médical, et se composant en grande partie de rapports et de communications au conseil d'hygiène. Nous ne nous arrêterons que quelques instants sur un travail plein de recherches curieuses publié en 1863 dans les Annales de la Société Éduenne sous le titre très modeste de *Notice sur les Maladies épidémiques, contagieuses et pestilentielles qui ont affligé Autun pendant les seizième, dix-septième et dix-huitième siècles*, et qu'il a depuis complété avec d'importants développements. C'est une page des plus intéressantes et des plus sombres de notre histoire locale, dont tous les documents ont été recueillis aux sources contemporaines les plus authentiques, aux archives de la ville, à celles de l'évêché, et dans les actes mêmes dont quelques familles sont restées dépositaires. Il n'est pas un détail qui ne jette une lumière sinistre sur la dureté des mœurs au seizième siècle, sur la férocité des moyens employés pour isoler la contagion. L'autorité publique n'hésitait pas à murer les maisons infectées, à faire espadronner ou tuer à coups d'arquebuse non-seulement les malades, mais les personnes « soupçonnées de les fréquenter. » Les habitants se chargeaient au besoin de ces exécutions. Voilà ce qui se passait en France au beau temps des Valois et des Médicis, et l'on ne sait pas assez ce que recouvrent de misères humaines les plus brillantes pages de l'histoire. Le Parlement de Dijon, sur la requête du vierg, des échevins et procureurs-syndics de « la ville d'Ostun », rendait, le 14 novembre 1586, un arrêt ordonnant ces arquebusades « contre les rebelles contagiés de ladicte maladie. » Faut-il s'étonner, après cela, des violences du fanatisme religieux chez des hommes qui assassinaient sans scrupule, presque par devoir, de pauvres malades qu'aujourd'hui on recueille pieusement, que les souverains eux-mêmes s'honorent d'aller visiter et consoler au péril de leur vie ! C'est

qu'après tout, entre ces temps et les nôtres,
l'histoire a vu se dresser les grandes figures
des saint Vincent de Paul, des saint Fran-
çois de Sales, des Belzunce. La charité, chez
les hommes à peine sortis du moyen âge, ne
faisait que des héros isolés; elle n'était
passée ni dans les institutions ni dans les
mœurs. Ce souci de la vie humaine, cette
pitié pour les souffrants, ce respect de la
pauvreté, semblent avoir été les plus ré-
centes conquêtes du christianisme, comme
ils sont l'un des plus nobles attributs de la
civilisation moderne.

Cette publication a été fort remarquée, et
elle méritait de l'être. M. Guyton reçut à ce
sujet, entre autres témoignages, les félicitations d'un membre de l'Institut, M. Darem-
bert, professeur au Collége de France, qui
l'engageait à continuer cette étude. Ce vœu
a été rempli. L'ouvrage manuscrit paraît
avoir épuisé les renseignements qui devaient
compléter la première édition.

Son œuvre la plus considérable par ses
développements, comme par la variété et

l'étendue des recherches qu'elle a exigées, est sa *Notice historique* sur les médecins et chirurgiens d'Autun à partir du treizième siècle. Le docteur Guyton semble avoir affectionné ce titre de Notice, qui répond mieux ici à la modestie de l'auteur qu'à l'importance de l'ouvrage. Au fond, c'est une histoire complète de la médecine à Autun depuis l'époque gallo-romaine jusqu'à nos jours et un véritable monument sur une des parties les plus intéressantes de notre histoire locale.

Lui-même a pris soin d'indiquer, dans des termes touchants, la pensée et le but de son travail : « Arrivé, dit-il, au terme d'une longue carrière, et forcé bientôt par mon âge et mes infirmités de laisser à des confrères plus jeunes que moi le bonheur d'être utile à mes concitoyens et de soulager leurs misères, je veux donner une dernière preuve de mon dévouement et de mon profond respect pour ma profession en essayant d'arracher à l'oubli les noms des médecins autunois qui, dans les siècles passés, par leur savoir, leurs travaux, et leur attention à

remplir dignement leurs devoirs, ont bien
mérité de leur pays et ont acquis des droits
à l'estime et à la reconnaissance de la postérité. » — L'œuvre tout entière se résume
et se caractérise dans l'ampleur de cette
phrase, si juste d'accent, et les conditions
de l'entreprise, si effrayante qu'elle pût être
pour un vieillard de quatre-vingts ans, ses
difficultés, son désintéressement, et le sentiment généreux qui l'a inspirée. Nous le di-
sons, messieurs, c'est à l'âge de quatre-
vingts ans qu'il a eu le courage de se vouer
à cette tâche; et il a eu la satisfaction de
l'accomplir. Trois mois avant sa mort, il y
mettait la dernière main. Pour en rassem-
bler les matériaux, il a dû lire ou compul-
ser plus de soixante volumes des archives
de l'hôtel-de-ville, sans compter d'éton-
nantes investigations dans toutes sortes de
documents, et les recherches soit dans les
historiens contemporains ou dans les mémoires où il pouvait retrouver quelque trace
des personnages dont il avait à s'occuper.
En somme, cet ouvrage ne contient pas
moins de deux cent trois notices biogra-

phiques aussi complètes que le permettent
les renseignements qu'il a pu réunir, avec
des analyses des œuvres que plusieurs de ces
médecins ont laissées. Un chapitre est consacré aux médecins et aux chirurgiens an-
térieurs au seizième siècle, à partir du médecin Victor qui ne nous est connu que par
une inscription latine trouvée dans l'église
de Saint-Symphorien et mentionnée dans
Edme Thomas. Les quatre chapitres sui-
vants renferment chacun une période sécu-
laire.

On comprend ce qu'un pareil cadre peut
présenter d'intérêt et de variété. Dans cette
longue galerie les figures se succèdent
dans les milieux historiques où elles ont
vécu, et l'auteur n'omet aucun des éléments qui peuvent jeter sur ces portraits,
exhumés de la poussière et de l'oubli, l'a-
nimation et la vie. Ici se trouve un exposé
de l'organisation de la médecine au XVIe
siècle ; plus loin, des observations appuyées
de documents sur les inhumations précipi-
tées ; ailleurs, des réflexions pleines de sens
sur la séparation introduite dans certaines

écoles, notamment à la faculté de Montpellier, entre l'enseignement de la médecine et celui de la chirurgie. Puis, des considérations sur l'inviolabilité du secret médical que l'auteur assimile, avec une très juste raison, au secret de la confession. Bien que cette thèse soit depuis longtemps consacrée par la jurisprudence, c'est un honneur pour le corps médical que d'avoir su maintenir ce devoir toutes les fois qu'on a tenté de le méconnaître.

Dans la lecture un peu rapide qu'il nous a été possible de faire de ce manuscrit, nous nous sommes plus particulièrement arrêté sur les hommes et les choses du seizième siècle. Les physionomies semblent s'y détacher avec un relief plus énergique ; les faits généraux se présentent aussi sous une couleur sombre et tragique. Ce fut l'époque des guerres de religion, et des grandes épidémies dont nous avons déjà retracé, d'après M. Guyton, quelques épisodes. On vit à Autun d'effroyables misères ; vous en jugerez par le trait suivant : En 1529, le bailli Hugues de Loges accordait au recteur de l'hôpital une récompense pécuniaire pour avoir recueilli et nourri dix-huit petits enfants, âgés de moins de deux ans, trouvés dans les rues d'Autun, et abandonnés par leurs parents. « Sans cela, dit le document, qui émane de Jean Charvot, receveur au bailliage, ces enfants auroient été dévorés par les chiens acharnés aux corps humains qui étoient étendus morts par la ville d'Ostun et suburbes, durant la grande mortalité régnant dernièrement. » Rien ne manque à l'horreur de ce tableau, dans sa réalité sinistre et officielle. Parmi les noms célèbres de ce temps figurent les Ailleboust et les Lallemand, qui prirent une part si active dans le mouvement de la Réforme à Autun, et les frères Guijon. Jean Ailleboust devint premier médecin de Henri IV; c'était alors un vieillard plein de science et non exempt de malice, qui ne se refusait pas un bon mot. Les mémoires de Sully et le journal de l'*Étoile* racontent d'une manière assez piquante comment il encourut un jour le déplaisir du roi en lui annonçant, d'une certaine façon, la grossesse de la belle madame de Liancourt, plus connue sous le nom de Gabrielle d'Estrées. La dame était indisposée, le roi fort en peine. « Que Votre Majesté se rassure, dit le vieux médecin, la fin en sera bonne. — Mais n'allez-vous pas saigner et purger? (Ceci se passait quatre-vingts ans avant le malade imaginaire.) — Je m'en donnerai bien garde, répond Ailleboust avec une certaine candeur sournoise, avant qu'elle soit à mi-terme. — Que voulez-vous dire, bonhomme? vous rêvez, vous n'êtes pas dans votre bon sens, etc. » Ailleboust mourut peu de temps après; mais il vécut assez pour voir son pronostic se vérifier par la naissance de César, duc de Vendôme. Lallemand, fervent calviniste, fut un habile et savant médecin qui laissa plusieurs ouvrages dont M. Guyton donne l'analyse. Les frères Guijon, savants et lettrés, issus de noble famille, furent des voyageurs aventureux et des soldats intrépides. Ils visitèrent Constantinople et l'Orient, au milieu des immenses préparatifs que faisait le sultan pour chasser de Rhodes les chevaliers de Saint-Jean de Jérusalem. Ils

traversèrent la flotte turque, et se rendirent
auprès du grand-maître Villiers de L'Isle Adam
pour lui offrir leurs services, non comme
médecins mais comme combattants. Ils se
conduisirent en héros. L'un d'eux fut blessé
d'une balle. Après la prise de Rhodes, le
grand-maître voulant le récompenser de sa
bravoure lui fit don d'un Nouveau Testa-
ment écrit en grec et remontant à plus de
six cents ans. Ce magnifique et précieux
manuscrit passa des mains de l'avocat De-
chevannes à celles du conseiller Bouhier, qui
le transmit à son fils, le célèbre président
du Parlement de Dijon, dont la bibliothèque
est devenue plus tard l'un des fonds de la
bibliothèque Impériale. Mais le manuscrit
donné à Jean Guijon par Villiers de L'Isle
Adam n'a jamais été retrouvé. J'ai voulu,
par ces détails, vous donner un aperçu de
la curiosité des recherches qui se rencontrent
presque à chaque page dans cet ouvrage.

A cet intérêt anecdotique s'ajoute celui
des observations personnelles de l'auteur
Parfois il note en passant des traits de
mœurs qu'il a recueillis dans ses rapports

avec nos populations rurales, et il constate les progrès accomplis depuis sa jeunesse. En voici un qui est pris sur nature, et qui est peut-être resté plus vrai que ne le suppose l'excellent docteur. Il s'agit des habitants disséminés dans les cantons forestiers du Morvan et dont l'industrie consistait alors dans la préparation des bois destinés au charronnage :

Dans de pareilles circonstances, dit-il, de petits enfants ne pouvaient être une ressource pour les père et mère, mais ils leur étaient plutôt à charge tant qu'ils n'étaient pas assez forts pour leur venir en aide. Aussi si l'un d'eux tombait malade on ne songeait pas à appeler un médecin ; s'il mourait, loin de le pleurer, on se réjouissait de le voir échapper aux misères de la vie. Il en était de même des vieillards, lorsque l'âge, les infirmités ou des accidents les mettaient dans l'impossibilité de travailler. On leur conservait leur place au foyer, leur portion d'aliments leur était régulièrement donnée ; mais l'insouciance et l'indifférence avec lesquelles ils attendaient la fin de leur misérable vie étaient également le partage des enfants qui les voyaient s'éteindre sans regrets parce qu'ils n'étaient plus utiles.

Je n'ai jamais oublié qu'en 1807 je fus appelé dans le haut Morvan pour donner des soins à un jeune homme malade depuis quelques jours d'une fièvre catarrhale sans gravité. Comme il était bon ouvrier et le soutien de la maison, on me pria d'y retourner le lendemain. Quelle ne fut pas ma surprise de trouver en entrant un cercueil au milieu de la chambre. Je crus qu'il renfermait le corps de mon malade ; mais je fus promptement désabusé. On m'apprit qu'il allait mieux et que le défunt était son grand père mort la veille dans la soirée. On ne me l'avait pas fait voir parce qu'il était infirme et malade depuis longtemps et « que le bonhomme, disait-on, avait fait son temps. »

Le cinquième chapitre, où il traite des médecins contemporains morts dans la première partie de ce siècle, est plus exclusivement scientifique, et le médecin s'y trouve tout à fait sur son domaine. Il y a intercalé, entre autres digressions se rattachant à son sujet, des vues très utiles et très pratiques sur l'institution des médecins cantonaux et sur le régime des prisons. Parmi les notabilités médicales du commencement de ce siècle, il signale le docteur Thevenot, auteur de mémoires sur le typhus de 1806 et sur l'influence de l'air sur le corps humain, médecin éminent qui possédait, dit-il, trois qualités qu'on trouve rarement réunies : un jugement sain, un tact médical exquis, une merveilleuse sûreté de diagnostic et de pronostic ; le docteur Grognot, dont il vante le grand esprit, les vastes connaissances, le caractère égal et doux, la sollicitude et le dévouement pour ses malades, et pour lequel il semble avoir conservé, malgré la différence de leurs opinions, un souvenir singulièrement affectueux. Avec quelle sympathie et quelle estime ne rappelle-t-il pas les confrères ravis à son amitié par une mort récente et prématurée : le docteur Carion, si instruit ; le docteur Valat, si laborieux, si excellent, dit-il, par les qualités du cœur ; le docteur Olinet, mort à trente-un ans, calme, résigné, mais jetant à la vie, pour nous servir de ses expressions, de navrants adieux, dans une pièce de vers éloquente que sa famille n'a pas jugé à propos de livrer à la publicité.

Et l'on chercherait en vain dans une

œuvre, où, remplissant les devoirs de l'historien, il se constitue le juge de ceux dont il évoque le souvenir, un seul mot de dénigrement et de critique vis-à-vis d'un confrère mort. Le docteur Guyton n'a jamais connu ce sentiment; il n'a voulu qu'être juste, il n'est heureux que quand il peut louer et admirer. Lisons encore, avant de prendre congé de cet écrit, les lignes qui le terminent :

Ici finit la longue énumération des médecins et chirurgiens anciens et modernes qui ont pratiqué à Autun et n'existent plus au 1er juin 1865. Je désire m'être acquitté de ce travail de manière à intéresser mes concitoyens ; je puis du moins me flatter d'avoir été juste et impartial envers tous. Je me suis efforcé de faire ressortir, sans aucune exagération, les qualités qui ont distingué chacun de mes prédécesseurs ; j'ai mis en relief l'éminent savoir qui a rendu les Ailleboust dignes de devenir les premiers médecins de deux de nos rois ; j'ai cité les remarquables travaux des uns, l'habileté professionnelle de beaucoup d'autres. J'ai applaudi au dévouement et à l'abnégation dont certains ont fait preuve dans les circonstances les plus difficiles ; j'ai loué les qualités du cœur et de l'esprit qui ont été le partage de plusieurs, les services rendus à la patrie et à la science médicale pendant les guerres de la Ligue et de la Révolution. Enfin, j'ai mis à contribution toutes les ressources qu'Autun a pu m'offrir : archives de la ville, registres des délibérations de l'hôtel-de-ville, registres de l'hôpital et des chapitres, etc. Je n'ai négligé aucun fait important ou susceptible de donner quelque intérêt à mon ouvrage, et j'ai eu la satisfaction, après avoir étudié la vie d'un si grand nombre de mes devanciers, de voir que j'avais à peine deux ou trois actions blâmables à signaler et beaucoup de louanges méritées à donner.

Ce travail en résumé se recommande à votre patronage par un double mérite : il confine à l'histoire et à la science. Il appartient à l'une par l'étude et l'investigation des faits, à l'autre par l'appréciation des œuvres et des institutions médicales qui ont marqué les différentes époques. Mais il appartient surtout à notre cité. Il a, par son sujet même, un intérêt tout à fait intime pour un bon nombre de familles, qui trouveront dans ce livre les titres d'un ancêtre, d'un parent

ou d'un ami, au souvenir de leurs concitoyens. Je ne doute pas qu'à ce seul point
de vue il ne soit l'une de vos publications les
plus utiles et les plus recherchées.

III.

Comme tous les hommes qui ont beaucoup vu et qui ont longtemps vécu, M. Guyton était plein de souvenirs. Il s'en ouvrait
parfois dans l'intimité, et ces récits fa-
miliers se reportant à des événements
tombés dans l'oubli étaient comme un der-
nier mais vivant reflet de la grande histoire
à laquelle ils se rattachaient. Quelques amis,
M. l'abbé Devoucoux, aujourd'hui évêque
d'Évreux, son gendre M. de Fontenay dont
le nom sera toujours honoré parmi nous,
l'engagèrent à les rédiger. Il se mit à l'œuvre
avec la sincérité et la simplicité d'un témoin
qui ne veut être que vrai et qui n'interroge
pas moins sa conscience que sa mémoire.
C'est cet écrit dont il me reste à vous entre-

tenir et qui porte ce titre : *Mes souvenirs de soixante ans, pour servir à l'histoire d'Autun.* M. Guyton l'a conservé secret jusqu'à sa mort, ne voulant pas éveiller la susceptibilité des personnes ou des familles dont le nom se trouve mêlé à ces épisodes. Aujourd'hui cette raison n'existe plus ou existe moins. A la distance où nous sommes désormais de ces événements, les acteurs qui y ont figuré ont depuis longtemps disparu. Les solidarités se sont éteintes, les faits appartiennent à l'histoire et chacun a le droit de s'en emparer. J'ajoute qu'on ne trouverait nulle part, dans le travail de M. Guyton, une allusion désobligeante pour aucun de ses concitoyens. Un seul nom est flétri, mais celui-là était parmi nous un étranger.

Cet écrit, commencé en 1854, a été achevé le 15 août de la même année. M. Guyton avait 70 ans, l'âge où l'on oublie et où l'on pardonne. Aussi ne blâme-t-il qu'avec beaucoup de ménagements, et ne condamne-t-il qu'avec indulgence. En revanche il loue avec beaucoup de chaleur. Il ne se montre sévère que pour les méchants.

Ses opinions sont celles qui existaient dans la plupart des familles de vieille bourgeoisie, un attachement héréditaire à l'ancienne monarchie; il les avait sucées à la mamelle, elles s'étaient infusées dans son sang. Les spectacles qui avaient frappé son imagination d'enfant lui avaient inspiré une invincible horreur pour tout ce qui se rapportait aux souvenirs de la Révolution. Dans ces conditions et quand on a subi de pareilles iufluences, on n'a pas des opinions, on a une foi politique où l'on engage ses convictions, son honneur, sa vie s'il le faut. En lisant ces mémoires nous voyons le docteur Guyton traverser, sans se laisser ébranler, les grandes périodes du Consulat et de l'Empire, témoin ébloui, non séduit, ne refusant pas son admiration, réservant son affection et son culte. Son cœur était avec ces princes dont les tragiques infortunes avaient ému son enfance dans ces récits du foyer, le soir, lorsqu'on était seul avec quelques amis sûrs et fidèles, et qu'on se croyait à l'abri des délateurs. Mais si ardent que fût son « royalisme, » il n'en ressentit pas moins avec une

patriotique amertume les revers qui amenè-
rent la chute de l'Empire et le rétablissement
de la famille exilée. Il exprime dans cet
écrit, qu'il composa pour lui seul, des sentiments virils dont ses contemporains lui auraient su peut-être peu de gré, mais qui
honorent sa mémoire. Pour lui Waterloo est
le désastre de Waterloo, l'invasion une hu-
miliation pour la patrie. Il était de son pays
avant d'être de son parti, et l'une des vertus qu'il recommande au médecin est d'aimer
la France. Il fut très attaché au gouvernement
de la Restauration, mais il ne le fut que par
son dévouement.

Son récit commence aux scènes de 1793
et se termine en 1830, époque à laquelle il
se considéra comme désormais en dehors de
la vie politique. Nous venons de dire quelles
furent ses impressions premières, et comment
elles se gravèrent dans son esprit en traits
ineffaçables. Pour les hommes de notre âge,
nés longtemps après la tourmente et absorbés
du reste par notre part de labeur et de res-
ponsabilité dans les événements actuels, —
à plus forte raison pour ceux qui, nés après

nous, viennent déjà prendre leur place dans les luttes du présent et qui nous succéderont dans les luttes de l'avenir, — la révolution vue de loin, jugée dans ses résultats définitifs, n'apparaît pas avec ce cortége hideux de désordres et de vengeances sous lequel elle frappa d'épouvante les yeux des contemporains. Nous ne sommes pour elle que la postérité, l'oublieuse postérité. Nous ne savons plus ce qu'ont souffert nos pères quel qu'ait été leur poste de combat. Oui, si l'on n'envisage que la rénovation de la société moderne sortie de cette grande épreuve plus jeune, plus vigoureuse, plus féconde en épanouissements nouveaux, comme la nature après l'orage, la révolution a été un bienfait. Il n'y a plus à revenir en ce point sur le jugement définitif de l'histoire ; mais il est permis à ceux qui ont subi la tempête et qui ont vu de près la foudre d'en être comme aveuglés.

Aucun de nos concitoyens, dit le vénérable auteur des *Souvenirs*, n'a eu l'idée jusqu'à ce jour de recueillir les faits principaux qui se rattachent à ce temps d'odieuse mémoire et de mettre sous les yeux des fils les traverses qu'ont essuyées leurs pères, les persécutions auxquelles ils ont été en butte, les dangers de toute sorte qu'ils ont courus. Il semble que les survivants, heureux d'en être quittes pour la perte de leur fortune, ou blasés et rendus indifférents par le retour incessant des scènes de désordre et de dévastation, ont eu hâte d'oublier ces jours néfastes.

Voilà le sentiment qui domine, et le coin du tableau entrevu. Cependant, malgré toute l'horreur qu'il a ressentie et qu'il éprouve encore, on retrouve l'excellent docteur, tel que son cœur le fait, tout rempli d'indulgence. Il est indulgent surtout pour ses compatriotes qu'il ne peut se résoudre à accuser.

Je me voue, dit-il, avec plaisir à cette tâche difficile, parce que j'ai l'espoir que de ce narré fidèle résultera la preuve que mes concitoyens n'ont point cédé à cet entraînement funeste qui a couvert la France d'échafauds et de ruines, et qu'ils sont sortis purs de cette épreuve. S'ils ont commis des fautes, on ne peut leur reprocher des crimes. Tout le mal qui s'est fait à Autun l'a été par les étrangers : à nous le blâme que méritent la faiblesse et la pusillanimité ; à eux la réprobation et le mépris universel dont on punit les passions basses et haineuses, l'amour de la rapine et la cupidité.

Et en effet quelques pages plus loin il signale la débonnaireté farouche du commandant de la garde nationale qui, faisant des visites domiciliaires, ne manquait pas de prendre sa plus grosse voix, son air le plus homicide, et de se livrer avec son escorte au vacarme le plus extravagant, le tout afin de s'annoncer de loin et de donner aux réfractaires le temps de s'évader.

Une anecdote émouvante et charmante, que le drame et le roman auraient inventée, est celle qui concerne M. Beaune, de Sully, ce fidèle et dévoué serviteur de la famille de Mac-Mahon, qui lui sauva une partie de son immense fortune. Arrêté sur la frontière de Belgique au retour d'un de ces voyages qu'il faisait une ou deux fois chaque année pour porter, au péril de sa vie, de l'argent au marquis de Mac-Mahon, il fut conduit à Paris et déposé à la conciergerie. Il avait en perspective le tribunal révolutionnaire, c'est-à-

dire la mort, lorsqu'un singulier incident dû,
il faut le dire, à la générosité de Fouquier-
Tinvile, vint lui apporter son salut.

M. Beaune, — nous copions ici le texte, —
avait pour ami le fils aîné du docteur Tripier,
d'Autun, qui avait acheté de Fouquier-Tinville
sa charge de procureur au Châtelet. En arran-
geant ses dossiers il découvrit une traite de
4,000 fr. qu'on avait négligé de faire payer. Il
en poursuivit le remboursement et remit la
somme à Fouquier, qui fut frappé de cet acte de
délicatesse et en fut reconnaissant. Il lui pro-
mit en retour de lui rendre service à l'occasion.
Cette occasion ne tarda pas à s'offrir. M. Tripier, apprenant l'arrestation de M. Beaune, alla
trouver l'accusateur public dans son cabinet,
intercéda vivement pour qu'on ne le laissât pas
languir longtemps dans son cachot. — Savez-
vous ce que vous me demandez, dit Fouquier-
Tinville, c'est la mort de votre ami ; n'importe,
cherchez dans le carton marqué à la lettre B et
vous saurez quel jour il paraîtra devant le tribunal. Cela dit, il continue son travail. M. Tripier ouvre le carton désigné, trouve les pièces
relatives à M. Beaune, les met dans sa poche,
salue Fouquier-Tinville et sort sans que celui-ci
lui adresse un seul mot.

Le nom de M. Beaune ne fut point appelé et la chute de Robespierre le rendit à la liberté.

Le docteur Guyton tenait ces détails de M. Beaune lui-même.

Nous bornerons là nos citations, et nous ne ferons plus d'autre emprunt à ces Souvenirs. Peut-être ne sont-ils pas encore assez refroidis après soixante ans. Il en est cependant un qui nous fait apparaître en pleine lumière la plus grande figure de la grande histoire, le passage de l'Empereur à Autun, au retour de l'île d'Elbe. Malheureusement la grande histoire se trouve ici en quelque sorte dépaysée dans un milieu disparate, et dans des incidents d'une réalité qui n'est plus digne d'elle. La seule particularité à retenir c'est que ce fut à Autun, au moment même où il recevait le corps municipal, que l'Empereur Napoléon reçut la nouvelle si impatiemment attendue de l'adhésion du maréchal Ney.

Hâtons-nous de passer et ne donnons pas, dans ce travail consacré à la mémoire du docteur Guyton, plus de place à la politique qu'elle n'en occupa dans sa vie. Même à l'époque de sa jeunesse et dans des circonstances où elle passionnait les esprits au point de réagir sur les relations privées, il resta l'homme de sa profession et ne voulut être que médecin. Il eut ses convictions mais il ne les imposa jamais qu'à lui-même et sut toujours respecter celles d'autrui. Il fut, à ce point de vue, un esprit très libéral, avant même que ce mot fût inventé. Équitable envers tous, il se fit des amis de tous les honnêtes gens. L'un de ses anciens collègues, celui peut-être dont il parle avec le plus de sympathie émue, est un de ceux dont les opinions devaient lui être le plus opposées. Par un de ces contrastes touchants qui font plus d'honneur à la nature humaine que les haines les plus persévérantes et les vengeances les mieux réussies, le vieux révolutionnaire et le jeune royaliste semblaient attirés l'un vers l'autre par un penchant secret et une prédilection instinctive. C'est que l'un et l'autre étaient des hommes droits et sincères, et que dans ces âmes fraternelles Dieu avait déposé un égal sentiment de justice et de bonté.

IV.

Ainsi s'est passée, au milieu de vous, cette existence partagée entre d'austères devoirs et des études dont vous pouvez maintenant apprécier l'importance et l'étendue. Ni l'âge, ni la maladie ne purent interrompre ses habitudes de travail. Sa volonté le soutint jusqu'à l'entier épuisement de ses forces, et tant qu'il put se tenir debout il continua son œuvre. Jamais il ne quitta sa ville, jamais il ne s'éloigna de ses malades, qui étaient sa famille et ses amis les plus chers. Levé dès la première heure, il leur donnait sa première pensée ; il allait les visiter, les consoler, et pendant soixante-deux ans il n'y manqua pas un seul jour. Les habitants de nos divers quartiers reconnaissaient le pas matinal du bon docteur, alerte jadis, devenu plus lent et plus lourd avec les années. Ce premier devoir rempli, et quand il s'était assuré de toutes choses, il rentrait

dans son cabinet pour consigner ses observations et reprendre ses travaux et ses livres.

La nature l'avait doué d'une complexion
forte et vigoureuse qui lui permit de résister
à toutes les fatigues de sa profession. Il était
grand de stature, d'un extérieur imposant,
d'une physionomie qui respirait l'intelligence
et la bonté. Ses traits étaient réguliers, un
peu sévères, mais la douceur de son ame et
la finesse de son esprit en tempéraient l'expression. Il avait ce bon et loyal sourire des
honnêtes gens qui gagne la sympathie et la
confiance. Son élocution, comme son style,
avait une certaine dignité classique et cependant naturelle qui donnait du poids à ses
moindres assertions. Il était dans le monde
un modèle de politesse et d'urbanité ; il sa-
vait écouter et se faire écouter. En dehors de
la très grande intimité, où il se permettait
parfois la plaisanterie, le docteur Guyton
était grave et sérieux. L'habitude de vivre
constamment en présence de la mort, d'assister chaque jour à des scènes émouvantes,
donne en effet au médecin quelque chose

de la solennité des spectacles qu'il a sans cesse sous les yeux.

Son intelligence, cultivée par des travaux incessants, par une immense lecture, avait plus d'étendue que d'initiative. Il ne devançait pas la science, il la suivait. La disposition de son esprit le portait à généraliser plutôt qu'à circonscrire les éléments de la pathologie médicale. Les conditions climatériques, les circonstances extérieures, la salubrité de l'air ou des eaux, l'hérédité des constitutions, les influences morales, les lois de l'hygiène avaient pour lui une valeur dont la médecine spécialiste ne tient souvent pas assez de compte. On a vu dans sa Topographie d'Autun l'importance qu'il attachait à toutes ces observations. Il était très versé dans l'histoire et la littérature médicales. Il était familier avec les écrits des grands médecins anciens et modernes, et son érudition est attestée par l'abondance des notes et des citations dont il ne manque jamais de confirmer ses opinions personnelles.

Parmi tant de rares qualités, il eut surtout le bon sens et la mesure en toutes choses, *retinuit quod est difficillimum, ex sapientia, modum*. Il sut en effet conduire sa vie avec tant de sagesse qu'il put traverser des temps agités sans dévier de ses convictions et sans se faire un seul ennemi. Sans doute et c'est un des plus beaux priviléges de la profession de médecin que celui de cette bonne popularité qui est la juste reconnaissance due aux hommes qui se dévouent à soulager nos misères. Le médecin, en tant qu'il exerce son art, ne rencontre pas sur son chemin les susceptibilités et les rancunes que soulèvent trop souvent les actes les plus consciencieux et les plus irréprochables du magistrat, de l'administrateur, de l'homme politique. Mais le docteur Guyton dut surtout à lui-même la vénération dont il était entouré. Nul n'a mieux pratiqué les préceptes qu'il a donnés, et quand il traçait en si beaux termes le portrait idéal du médecin, c'était lui-même qu'il peignait à son insu. Jamais l'esprit de dénigrement ne put trouver à s'exercer sur ce caractère, dont la dignité commandait le respect, dont la bonté faisait taire l'envie. Il ne fut jamais lui-

même envieux d'une réputation, d'un succès. Jamais il ne se permit vis-à-vis d'un
confrère ni de personne de ces mots pi-
quants, de ces critiques acerbes, dont l'esprit, quand il y en a, ne fait qu'envenimer
les blessures. Il n'oublia jamais envers personne le devoir du respect et de la justice,
et il eut cette heureuse fortune que jamais
personne ne l'oublia envers lui.

Ce qu'il fut avec ses confrères, tous nous
le diront, un père au milieu de ses enfants.
Il a honoré les anciens et élevé un monument à leur mémoire en racontant leurs
services. Plein d'égards et de déférence pour
ses jeunes collègues, quand lui-même était
devenu un ancien, il les aimait, il en était
aimé. Aussi repoussait-il comme faux et
mensonger le vieux dicton : *Nil præter invi-
diam medicorum.* Ses qualités de cœur s'épan-
chaient surtout auprès de ses malades. Il
semblait souffrir de leurs souffrances, et
quand il n'était plus en son pouvoir de les
soulager, il trouvait encore de ces paroles
qui soutiennent et qui fortifient. C'est lui
qui a inspiré à un aimable et charmant es-

prit (1) ce distique qui le peint si bien et qui
serait digne de figurer parmi les meilleurs
de l'Anthologie :

Nos curat medicus, simul et solatur amicus :
Incertum an valeat corde vel arte magis.

Résumons notre pensée sur cette vie que
nous venons de parcourir. Avec ses nobles
facultés d'intelligence, avec sa puissance de
travail, il fût arrivé indubitablement aux
honneurs de la réputation et de la science
s'il en eût fait le but de ses aspirations, au
lieu de creuser son modeste sillon dans
l'héritage de ses pères. Mais il voulut limiter
sa carrière et il jugea que c'était une ambition suffisante que celle de faire le bien. Il
ne chercha rien au delà, et il y consacra
toutes les forces de sa conscience et de sa
vertu. Ses écrits lui furent tous commandés
par une pensée de devoir. La plupart et les
plus importants sont inédits. Jamais homme
ne fit moins de bruit autour de lui-même.
Sa mort fut comme sa vie, sereine et coura-

(1) M. Prosper de Noiron.

geuse, confiante dans l'éternelle justice, admirable de constance et de résignation. Nous aurions mal rempli cette tâche, que nous avons peut-être témérairement acceptée, si nous n'avions réussi à en dégager le parfum de haute moralité qu'on y respire. Qu'il soit donc pour nous un encouragement et un exemple. Honorons sa mémoire en cherchant à l'imiter, c'est après tout le seul hommage que l'on puisse dignement déposer sur cette tombe.

J. ROIDOT.

AUTUN, IMP. DEJUSSIEU.